Een hoofd vol vliegen

Klipper is een serie boeken met een lager AVI-niveau dan voor de leeftijdsgroep gebruikelijk is. De boeken zijn verdeeld in drie categorieën. *Klipper Plus* bevat begeleidend materiaal per boek.

Een hoofd vol vliegen
AVI 3

ISBN 90 262 3796 0
Eerste druk, eerste oplage 2006
© 2006 Bekadidact

Vormgeving: Spil Design, Baarn
Omslagillustratie: Sonja Reus

Nieuw 13-cijferig ISBN per 1 januari 2007: 978 90 262 3796 6

Een hoofd vol vliegen

Heleen Vissinga

Met illustraties van
Sonja Reus

Bekadidact

Dit boek gaat over:

opa

papa

mama

Niek,
het vriendje
van Jens

Jens

oma

1. Het rode pluisje

Jens baalt.

Hij heeft koorts.

Daarom mag hij niet naar buiten.

En het sneeuwt!

Hij mag ook niet naar het feest van Niek.

Papa en mama zijn naar het werk.

Daarom is hij bij oma en opa.

Oma en opa zijn lief.

Maar hij wil liever naar Niek.

Jens kijkt op de klok.

Het is al twaalf uur.

Dan is Niek vrij van school.

Het feestje begint om twee uur.

Jens zucht.

'Waar blijft opa toch?' vraagt oma.

'Ik wil zo een broodje eten.'

Jens loopt naar het raam.

'Opa komt heus wel,' zegt hij.

'Die staat weer te kletsen in de winkel,'
moppert oma.
Ze is aan het strijken.
'Wat is dit nu?' vraagt ze.
Oma wijst naar de kraag van een zwart
jasje.
'Hoe komt dat rode pluisje daar?'
Jens keert zich om.
Hij wankelt.
Hij merkt dat hij nog steeds ziek is.
Langzaam loopt hij naar oma toe.
Hij ziet het rode pluisje.
Oma schudt haar hoofd.
'Ik heb geen rode trui.
Ik snap er niks van.'
Ze pulkt het pluisje van de kraag.
Dat zweeft naar de grond.
Jens volgt het met zijn ogen.
Opeens gaat het ding weer omhoog.
Hoe kan dat?
Het rode pluisje komt pal voor zijn neus
langs.

Wacht eens, het is geen pluisje!
Het is een piepklein rood vliegje!
Het vliegje dwarrelt voor zijn ogen.
Jens kijkt er scheel van.
Dan stijgt het beestje op.
Het vliegt recht op oma af.
Floep! In haar neus!
'Oma! Er zit een vliegje in je neus!' roept
Jens.
'Wat zeg je nou?
Een vlieg in mijn neus?
Hoe kom je erbij!'

7

'Het is echt waar!
Het rode pluisje is een vliegje!'
Oma lacht.
'Wat ben jij een fantast!'
'Voel dan eens in je neus!'
Oma steekt haar vinger in haar neus.
'Niets aan de hand.'
'Andere gat!'
Oma kijkt hem verbaasd aan.
'Toe nou!' roept Jens.
Oma grijnst.
Met haar pink voelt ze in het neusgat.
Ze heeft een beetje snot aan haar pink.
'Jakkes!
Zie je wel?
Geen rood vliegje,' zegt ze.
De voordeur klapt dicht.
'Ik ben er weer hoor!' roept opa.

2. Wat is er met oma?

Jens prikt twee stukjes pasta aan zijn vork.
Hij roert ermee door de saus.
Veel trek heeft hij niet.
Papa en mama praten over oma.
'Merk je dan niet dat ze raar doet?' bromt
mama.
'Ze doet al jaren raar.
Mijn moeder is een apart mens,' zegt papa.

'Dat bedoel ik niet.

Ze doet anders dan vroeger.

De hele dag loopt ze te zoeken.

Van alles is ze kwijt.'

'Ik ben ook wel eens wat kwijt,' grijnst papa.

'Luister nou.

Maandag gingen we samen naar de winkel.

Toen we terug kwamen zei ze:

Nou moet je gaan.

Want ik moet naar de winkel.

En we waren er net geweest!'

'Mm, je hebt gelijk.

Dat is vreemd,' geeft papa toe.

Jens kauwt traag.

'Toe Jens, eet eens door,' zegt mama.

'Ik kan niet eten als ik aan oma denk.'

Mama knikt.

'Heb jij het ook gemerkt?

Ze doet niet meer normaal.

Opa wordt gek van haar.

Hij krijgt de schuld als ze iets kwijt is.

Haar kam vond hij terug in de wc.

Weet je waar haar bril lag?

In een doos onder het bed.'

Papa lacht.

'Ja, lach er maar om.

Maar volgens mij wordt ze dement.'

'Dement?

Wat is dat?' vraagt Jens.

'Je wordt dan kinds,' zegt mama.

'Je geest takelt af.

Je vergeet veel.

En je weet niet meer hoe je dingen moet
doen.

Het valt niet mee om uit te leggen.'

'Ach, oma wordt een dagje ouder.

Dan mag ze toch wel eens wat vergeten?'

zegt papa.

Mama zucht.

Jens wiebelt op zijn stoel.

Hij denkt aan het rode vliegje.

Stel dat het beestje nog in haar hoofd zit.

Misschien zitten er wel meer.

En knabbelen ze aan haar hersens.

Nee, het gaat niet goed met oma!

'Het komt door de rode vliegjes!' roept hij.

'Jens, hou op met die onzin.

Er bestaan geen rode vliegjes.

Je hebt het je verbeeld.

Dat kwam vast door de koorts,' oppert

mama.

'Ze bestaan wél,' mokt Jens.

Papa geeft hem een aai over zijn hoofd.

Jens trekt zijn hoofd weg.

'Maar wat doen we nu zondag?

Gaan opa en oma mee uit eten of niet?'

vraagt papa.

'Ja,' zegt Jens.

12

'Als zij niet meegaan, ga ik ook niet.'

Mama drukt haar lippen op elkaar.

Papa slaat een arm om haar heen.

'Kom, we maken er een leuk feestje van.

We zijn immers vijftien jaar getrouwd!'

lacht papa.

'Als het maar goed gaat,' piept mama

'Ik schaam me dood als ze gek doet.'

'Het valt heus wel mee,' sust papa.

'Ja mam,' zegt Jens.

'Pap heeft gelijk.

En voor opa is het toch ook leuk?'

Mama knikt.

'Goed, ze gaan mee.

Tegen twee mannen kan ik niet op.'

 Jens en papa slaan elkaar tegen de handen.

3. Uit eten

'We zijn er.

Hier gaan we eten!' zegt papa.

Jens leest de naam boven de deur.

Er staat: De Wilde Gans

Papa houdt de deur open.

Ze gaan naar binnen.

Een ober komt naar hen toe.

Hij heeft een zwarte snor.

'Welkom,' zegt hij.

De ober neemt de jassen aan.

'Laat los!' sist oma.

De ober kijkt haar verbaasd aan.

'Die snor wil mijn jas pikken!' klaagt ze.

'Geef maar,' zegt mama.

'Het is goed.

Hij hangt je jas op.'

Jens knijpt papa in zijn arm.

Papa geeft Jens een knipoog.

Even later is de ober er weer.

Hij brengt hen naar een tafel.

De tafel ziet er mooi uit.

Bij elk bord ligt een gele servet.

Er staan gele bloemen op tafel.

In twee kuikens zit peper en zout.

'Wat een griezel, die snor!' zegt oma.

'Sst, niet zo hard,' sist mama.

Jens slaat de hand voor zijn mond.

Mama mag niet zien dat hij lacht.

'Wilt u iets drinken?' vraagt de ober.

'Van die griezel?' vraagt oma.

Mama krijgt een rood hoofd.

Opa neemt de ober apart.

Hij praat met hem.

De ober knikt.

Opa gaat weer zitten.

Papa bestelt het drinken.

Even later komt de ober met volle glazen.

'Proost!' roept opa.

'Op het bruidspaar!'

Ze tikken met de glazen tegen elkaar.

Jens drinkt sinas.

De ober brengt borden met soep.

Oma grijpt haar lepel.

Ze slurpt de hete soep naar binnen.

'Moeder, niet zo slurpen.

Netjes eten,' zegt mama.

'Dan verbrand ik mijn tong!' zegt oma.

'De soep is lekker.

Alleen dat rode goedje lust ik niet.

Hoe heet het ook weer, pa...'

'Prika,' vult Jens aan.

'Ja, paprika.

Soms weet ik opeens een woord niet.

Het werkt niet meer zo goed daarboven.'

Oma wijst op haar voorhoofd.

'Ik heb een tor in mijn kop!' lacht ze.

Jens schrikt.

Wat zegt oma nou?

Een tor in haar kop?

Bedoelt ze het vliegje?

Zou ze het kunnen voelen?

Dat beest eet woorden op!

En stel dat hij eitjes legt.

Dan komen er nog meer!

Jens ziet het voor zich.

Het hoofd van oma zit vol vliegen!

'Moeder, haal die lepel uit je tas!' zegt
papa.
Jens kijkt naar oma.
Ze legt de lepel op tafel.
'Hij is zo mooi.'
Oma pakt een punt van het kleed.
Daar veegt ze haar mond mee af.
Jens geeft haar vlug een servet.
Opa lacht naar hem.
'Goed zo jongen!
Help jij je oma maar.'
Oma slaat een arm om Jens heen.
'Hij is mijn grote vriend.'

De ober haalt de borden weg.
Oma grijpt weer het kleed.
'Moet je zien.
Er zit een vlek in.
Die snor mag hem wel eens wassen!'
Iedereen aan tafel proest het uit.

4. Een dief?

Zonder jas loopt Jens naar oma en opa.
Ze wonen drie straten bij hem vandaan.
In zijn rugtas zit een koek.
Die mag hij aan hen geven.
Mama kan heel goed bakken.
Hij drukt op de bel.
Opa doet open.
'Ha, kom binnen jongen!'
Kijk eens oma, bezoek!' roept opa.
'Ik ben je oma niet, malle vent!'
Jens schiet in de lach.
Oma kan nog wel een grapje maken.
Hij geeft haar de koek.
'Met de groeten van mama.'
'Lekker, snij er maar een stukje af.'
Jens brengt de koek naar de keuken.
Opa snijdt hem in plakjes.
Opeens staat oma achter hen.

Ze houdt een rood stokje in de lucht.
Boven aan de stok is een plastic handje.
Het is om vliegen mee te meppen.
Ze zwiept ermee in het rond.
'Waar is mijn portemonnee?
Iemand heeft mijn portemonnee gepikt.
Wie is de dief?'
Jens kijkt opa aan.
'Nou, kom op!
Geef mijn portemonnee terug!' krijst ze.
'Ik heb hem niet,' zegt opa.
'Maar Jens en ik gaan hem wel zoeken.
Het is een zwarte portemonnee, Jens!'

Jens gaat in de kamer zoeken.

Oma komt hem na.

Ze steekt de mepper in de vaas met bloemen.

Jens ziet het.

Die is ze straks ook kwijt, denkt hij.

'Ik heb hem!' roept opa uit de keuken.

'Hij lag in het vriesvak,' lacht hij.

'O, dat heb jij gedaan!' moppert oma.

'Je wilt dat mijn geld bevriest!'

'Ik zal het niet weer doen,' belooft opa.

'Opa, waarom jok jij?' vraagt Jens zacht.

'Jij hebt het toch niet gedaan?'

Opa neemt Jens mee naar de keuken.

'Ik praat met haar mee.

Dat is het beste.

Oma is oma niet meer, jongen.

We zijn bij de dokter geweest.

Ze heeft een ziekte.

En ze wordt niet meer beter.'

'Is ze... hoe heet dat ook al weer?' vraagt Jens.

'Dement, ja.'

'Heb je de dokter van de vliegjes verteld?'

Opa schudt zijn hoofd.

'Die beesten eten maar door!' roept Jens.

'En oma raakt steeds meer kwijt!'

Opa krijgt tranen in zijn ogen.

'Ik zal er met hem over praten.'

Zacht duwt hij Jens naar de kamer.

'Kom, we gaan koek eten.

Anders is oma zo alleen.'

Oma geniet van haar plak koek.

'Mijn moeder bakte ook veel.

Ze bakte voor mij een pop van koek.'

Oma vertelt over vroeger.

Dat weet ze nog wel.

Jens denkt na.

Het klopt.

De vliegjes eten van buiten naar binnen.

Daarom vergeet ze wat pas is gebeurd.

Dus is ze steeds haar spullen kwijt.

Ze weet niet meer waar ze het heeft
gelegd.

Dat eten de vliegjes dus het eerst.

Pas later eten ze naar binnen.

Alles van vroeger zit heel diep.

Daar kunnen ze nog niet bij.

Daarom weet ze dat nog wel.

Wat kan hij tegen de vliegjes doen?

Niemand gelooft hem.

De dokter ook niet.

Ze doen of Jens zelf een beetje gek is.

Hij zal er eens met Niek over praten.

Niek heeft altijd een goed idee.

5. Het plan van Niek

Jens zit op het bed van Niek.
Hij vertelt hem alles.
Over het rode pluisje dat een vliegje was.
Wat oma vergeet en hoe ze doet.
Niek kijkt hem met grote ogen aan.
'Geloof je me?' vraagt Jens.
'Ja, waarom niet?'
'Ze zeggen dat het niet kan.'

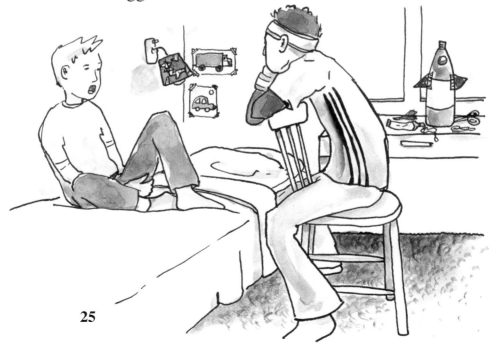

'Jij hebt het vliegje toch gezien?'

'Ja, maar ik was wel ziek.

Ik had koorts,' vertelt Jens.

Even is Niek stil.

'En als het wel zo is?

Dan moeten we iets doen,' zegt hij.

'Ja, maar wat?'

Niek denkt diep na.

Hij krijgt een rimpel in zijn voorhoofd.

'Heb je een spuitbus?' vraagt hij.

'Een spuitbus?'

'Ja, tegen luizen of zo.'

'Wil je mijn oma ermee vol spuiten?' lacht
Jens.

'Nee, haar kleren.

En ook die van je opa.'

Jens veert op.

'Je hebt gelijk!

Stel dat er meer rode vliegjes zijn!

Straks krijgt opa die in zijn neus!'

Niek knikt.

'Je oma kunnen we niet meer helpen.

Die vliegen krijgen we er niet uit.'

Jens schudt zijn hoofd.
'Dan helpen we opa!
Kom, we gaan er naar toe.
Opa heeft vast wel een spuitbus!'

Oma is alleen in huis.
'Hallo Rolf, leuk dat je komt.
Heb je een vriendje bij je?' vraagt ze.
'Ik ben Jens, oma.
En dit is Niek.'
Oma geeft Niek een hand.

'Rolf is mijn vader,' fluistert Jens.

'Oma, we gaan even naar de schuur.

We zijn zo terug.'

Vlug lopen ze door de keuken naar buiten.

In de tuin staat de schuur.

De deur is niet op slot.

Binnen zoeken ze een spuitbus.

'Hier, tegen slakken,' zegt Jens.

Ze lachen.

'Deze dan?' vraagt Niek.

Hij heeft een grote bus in zijn hand.

Er staan kevers op.

'Torren kunnen ook vliegen,' zegt Niek.

'Was het geen tor?'

Jens denkt aan oma.

Wat zei ze ook weer?

Ik heb een tor in mijn kop.

'Ja, deze nemen we,' zegt Jens.

'Kom, voordat opa er weer is.'

Ze spuiten op de jassen in de gang.

Dan sluipen ze de trap op.

Oma merkt niets.

Boven spuiten ze in de kasten.

Vlug gaan ze de trap weer af.

Ze brengen de spuitbus terug.

Klaar!

Jens en Niek gaan weer naar de kamer.

'Hallo Rolf, leuk dat je komt!

Is dat een vriend?' vraagt oma.

'Ja, dit is Niek,' zegt Jens.

Oma steekt haar hand uit.

De jongens lachen.

Niek geeft haar nog eens een hand.

'Hebben we bezoek?' roept opa.

Hij komt de kamer binnen.

'Wat stinkt het in de gang.'

Niek en Jens kijken elkaar aan.

'We moeten weg, opa.

Ik kom morgen wel weer!' roept Jens.

Vlug schieten ze langs opa de kamer uit.

6. Op oma passen

'Passen jullie goed op?' vraagt mama.

Jens en Niek knikken.

'Als er iets is, kun je me bellen.

Het duurt niet lang.

Kom vader, we gaan.'

Mama en opa gaan naar de dokter.

Ze willen met hem praten.

Oma zit in de stoel voor het raam.

Ze kijkt naar de tuin.

Ze zingt zacht een liedje.

Jens kan het niet goed verstaan.

Het is een oud liedje.

Dat kent ze van vroeger.

Daar weet ze de woorden nog wel van.

Opeens stopt het lied.

Oma gaat staan.

'Wat doet die vent daar?'

'Welke vent?' vraagt Jens.

'Die daar!'

Oma wijst naar de schuur.

'Hij verft de schuur.

Dat wil ik niet!

Jaag hem weg!'

Jens en Niek zien niks.

Er is geen man bij de schuur.

Oma tikt woest tegen het raam.

'Donder op!

Jaag die kerel weg, Rolf!'

Jens kijkt Niek aan.

Die snapt het ook niet.

Toch gaat Jens naar buiten.

Hij wappert met zijn armen.

'Ga weg!' krijst hij.

Door het raam kijkt hij naar oma.

Ze knikt.

Jens gaat naar binnen.

'Zo goed?'

'Prima.

Nu is hij weg,' zegt oma.

'Die man heeft hier niets te zoeken.

Ik wil geen rode verf op de schuur.

Zo, en nu ga ik thee zetten.'

Oma loopt naar de keuken.

Niek stoot Jens aan.

'Ik denk dat alle vliegen hier dood zijn.'

'Ik hoop het,' zegt Jens.

'Anders wordt opa ook zo.'

Oma komt binnen met een theepot.

'Pak jij de koekjes?' vraagt ze.

Jens weet waar die zijn.

Ook pakt hij kopjes.

Oma schenkt in.

Er komt water uit de pot.

Niek pakt het kopje beet.

'Koud water,' stelt hij vast.

'Is het niet goed?' vraagt oma.

Ze neemt een slokje.

'Jakkes!

Ik kan het niet meer!

Ik kán het niet meer,' jammert ze.

Ze slaat zich tegen het hoofd.

Oma is boos op zichzelf.

'Stil maar oma.

Het geeft niet.

We drinken wel sap.'

Jens pakt sap uit de koelkast.

Niek zet de theepot weg.

Ze drinken sap uit de kopjes.

Oma is weer kalm.

Ze zingt haar liedje.

'Zing eens mee?' vraagt ze.

'Wij kennen dat liedje niet,' zegt Jens.

'Ik zal het jullie leren.'

Ze zingt het een paar keer voor.

Jens en Niek willen niet zingen.

Oma eist dat ze mee doen.

Jens vindt het een dom liedje.

Het gaat over een groen dal.

Een dal met bloemen.

Niek mummelt mee.

Jens zet de tv aan.

Oma stopt met zingen.

Na een tijdje zijn opa en mama terug.

Jens trekt mama aan haar mouw.

'Wat zei de dokter?' vraagt hij.

'Oma mag naar een tehuis.

Ze gaat er twee dagen in de week heen.

Een busje haalt haar op.

In het tehuis komt ze in een groep.

Ze doen leuke dingen met elkaar.'

Opa kijkt triest voor zich uit.

'Voor opa is het ook goed,' zegt mama.

'Dan heeft hij even rust.

Elke dag voor oma zorgen valt niet mee.

Is er al thee?

Ik heb dorst.'

'Geen thee,' zegt Jens.

'We hebben wel sap.'

7. Jens is jarig

Het is zes juli.

In de kamer hangen slingers.

Jens trekt het papier van het pakje.

'Wauw!

Een motor van Lego!

Dank je wel Niek!

Kom, we gaan meteen bouwen!'

Ze gaan bij de grote tafel zitten.

In de kamer is meer bezoek.

De buren en tante Riet.

Papa schenkt koffie in.

Jens en Niek drinken sinas.

'Jij mag kiezen,' zegt mama.

Ze houdt Jens gebak voor.

Hij kiest een roomsoes.

Niek neemt er ook een.

'Mam, wanneer komen opa en oma?'

'Die komen aan het eind van de middag.'

'Hoe gaat het met ze?' vraagt tante Riet.

'Niet zo goed,' zegt papa.

'Moeder wordt nu al drie keer per week
gehaald.

Het is eigenlijk beter dat ze er blijft.

Vader houdt het niet meer vol.

Die man is bekaf.

Moeder spookt in de nacht door het huis.

Vader slaapt dan ook niet.

Toch wil hij haar in huis houden.

Hij wil haar niet kwijt.'

De bel gaat.

'Ik doe open!' roept Jens.

'Opa en oma!'

Mama vliegt naar de gang.

'Ik dacht dat jullie...'

'Nee, we zijn er nu!' grijnst opa.

'Ze wilde meteen hierheen.

Het is mijn schuld.

Ik had het haar nog niet moeten vertellen.

Mama knikt.

Opa schudt Jens de hand.

'Tien jaar ben je nu al!

Wat een leeftijd!'

Oma geeft hem een dikke zoen.

Ze duwt hem een pak in zijn handen.

Vlug gaat Jens naar de kamer.

Hij grist het papier eraf.

'Een bouwdoos van een vliegtuig!'

Niek lacht.

'Daar kan je motor mooi in!'

Opa en oma komen binnen.

Oma grijpt het papier.

Het valt op de grond.

Ze stampt erop.

'Zo, die is dood!' jubelt ze.

Niek schiet in de lach.

'Ze kan zo leuk doen!'

Opa trekt haar naar de bank.

'Kom, we gaan zitten.'

Oma staat meteen weer op.

'Ik moet naar de wc.'

Opa laat haar gaan.

Hij geniet van zijn koffie met gebak.

Jens en Niek hebben de soes op.

Ze maken de zakjes Lego open.

Oma komt nog niet terug.

Waar blijft ze?

De jongens gaan naar de wc.

Daar is oma niet!

Waar kan ze zijn?

Jens rent de gang in.

Als ze maar niet buiten is!

'Hallo!' roept oma.

Ze komt de trap af.

'Waar is de wc?

Ik kan hem niet vinden,' zegt ze.

Jens is blij dat oma binnen is.

Hij brengt haar naar de wc.

'Stel dat ze buiten was.

Weet ze waar ze woont?' vraagt Niek.

Jens weet het niet.

'Stop een briefje in haar jaszak!

Met haar naam, waar ze woont en zo!'

'Goed idee.

Dat doe ik!'

Oma is klaar.

Jens en Niek lopen mee naar de kamer.

8. Oma is zoek

Jens kijkt naar de tv.
Buiten regent het.
De telefoon gaat.
'Hallo met Jens,'
'Met opa.
Is pap of mam er ook?'
Jens hoort dat opa hijgt.
'Nee, die zijn nog op hun werk.
Is er iets?' vraagt hij.
'Oma is weg.
Ik kan haar nergens vinden.'
Jens schrikt.
'Ik help je zoeken.
Ik kom er aan!'
Vlug schrijft hij een briefje:
Oma is zoek.
Ben bij opa.
Jens.

Het briefje legt hij op tafel.

Snel haalt hij zijn fiets uit de schuur.

Waar zal oma zijn?

Is ze naar de winkel?

Met dit rot weer?

Blaadjes vliegen over de straat.

Jens fietst door de buurt.

Bij de winkel stapt hij af.

Hij gaat naar binnen.

Geen oma te zien.

Dan fiets hij naar opa.

Opa staat voor het raam.

Hij ziet er oud uit.

Jens zet de fiets tegen de muur.

Opa komt naar buiten.

'Ik ben zo bang, Jens,' zegt hij.

'Ik wil zelf zoeken.

Kan jij even hier blijven?

Ik heb een agent gebeld.

Stel dat ze haar vinden.

Er moet iemand bij de telefoon zijn.'

Jens knikt.

Hij gaat liever mee zoeken.

Maar dat kan nu niet.

'Mag ik Niek bellen?

Dan kan die ook helpen,' zegt Jens.

'Doe maar.'

Opa gaat met de auto weg.

Jens belt Niek meteen.

Die wil graag helpen zoeken.

Jens loopt heen en weer.

Hij kan niet rustig zitten.

Dan gaat de telefoon.

'Met Jens,' zegt hij.

'Je spreekt met Jan Dik.

Is meneer Berger er ook?'

'Nee, opa is oma aan het zoeken.'

'Nou, dat hoeft niet meer!
Ze is hier bij mij in Assen.'
'He, in Assen?'
'Ja, je oma is verdwaald.'
'Hoe komt ze in Assen?'
'Met de bus.
Ze dwaalde door de stad.
Ze vroeg me de weg naar huis.
Naar haar huis in Emmen.'
'Emmen?
Ze woont in Meppel.'
Jens snapt er niets van.

'Ze wist haar naam niet,' zegt de man.

'Maar toen vond ik een briefje.

Het zat in haar jaszak.

Dit nummer stond erop.'

Jens knikt.

Hij denkt na.

Dus de vliegjes hebben nu ook haar naam opgegeten.

'Kan iemand haar komen halen?' vraagt de man.

'We zitten in de Hema.

Ik geef haar een kop koffie.'

'Ja, ik zal het tegen opa zeggen.

Bedankt meneer!'

Niek stormt binnen.

'Is ze er al?'

'Nee, maar er is gebeld.

Ze is in Assen.'

Niek ploft op de bank neer.

Even later komt opa binnen.

'Je moet naar Assen, opa!

Ze zit in de Hema met een meneer.

Mogen wij mee?'

Opa kijkt Jens verward aan.

'Assen?

Wat doet ze in Assen?

En hoe weten ze ons nummer?'

'Ik heb een briefje in haar zak gestopt,'
zegt Jens.

Opa omhelst Jens.

'Dat heeft Niek bedacht, opa.'

Opa omhelst Niek ook.

'Ze wilde naar huis,' vertelt Jens.

'Naar Emmen, zei die meneer.'

'Emmen?'

Opa denkt na.

'Daar heeft ze als kind gewoond.

Ik zal de agent bellen.

Hij hoeft niet meer te zoeken.

Als ik klaar ben gaan we weg.

In Assen bellen we jullie ouders wel.

Anders maken die zich zorgen.'

Jens en Niek rennen alvast naar de auto.

9. Op bezoek

Niek en Jens lopen door de sneeuw.
Ze gaan bij oma op bezoek.
Oma is in het tehuis.
Daar blijft ze ook.
Opa gaat er elke dag een uur heen.
Jens is er al een paar keer geweest.
Nu gaat Niek mee.
'Is het daar niet eng?' vraagt Niek.
'Nee.
Het is er wel leuk.
Er wonen meer oude mensen.
Ze zijn vaak ook in de war.
Net als mijn oma.'
'Hebben zij ook vliegjes in hun hoofd?'
'Dat weet ik niet,' antwoordt Jens.
'Moeten we geen spuitbus meenemen?'
'Nee, voor hen is het toch al te laat.'
'Dat is waar.'

Ze gaan door de grote deur.

De warmte slaat in hun gezicht.

Met de lift gaan ze naar boven.

Twee gangen door, dan zijn ze er.

Ze komen in een grote kamer.

Er zijn meer mensen.

Oma zit aan tafel.

Een oude man zit naast haar.

Hij streelt haar hand.

Jens vindt het maar raar.

'Dag oma,' zegt hij.

'Dag Hans.

Lief dat je komt. En jij bent..?'

'Niek, mevrouw.'

'Dag Niek.'

Hans?

Wie is nou weer Hans, denkt Jens.

De oude man loopt weg.

Hij gaat naast een andere vrouw zitten.

Die huilt zacht.

De man streelt nu haar hand.

Bij het raam zit nog een vrouw.

Ze zit in een rolstoel.

Op haar schoot ligt een pop.

Ze wiegt heen en weer.

Jens en Niek kijken hun ogen uit.

Er komt een zuster aan.

'Kijk eens aan.

We hebben gasten,' zegt ze.

'Willen jullie iets drinken?

Jens en Niek knikken.

'Komen jullie me ophalen?' vraagt oma.

'Nee, we komen op bezoek,' legt Jens uit.

De lip van oma trilt.

Ze peutert een zakdoek uit haar mouw.

Jens schrikt.

'Oma, waarom huil je?'

'Ik wil naar huis,' snikt oma.

'Ik wil naar mijn moeder toe.'

Jens en Niek kijken elkaar aan.

De zuster komt er weer aan.

'Hier zijn drie glazen sap.'

Ze slaat een arm om oma heen.

'Wat is dit nou?

U hoeft toch niet te huilen,

Het is toch fijn als er bezoek is?'

Oma knikt.

'Maar ik wil mee naar huis.'

De zuster zucht.

'Drink dit nou maar lekker op.'

De zuster is lief voor oma.

De vrouw met de pop gaat zingen.

De man zingt meteen mee.

Hij loopt naar haar toe.

Met de rolstoel maakt hij een dansje.

Ze hebben plezier.

Oma huilt niet meer.

Jens wil iets zeggen.

Maar wat?

Wat kan hij oma vertellen?

Ja, hij weet iets.

'We hebben een sneeuwpop gemaakt.'

Oma knikt.

Ze kijkt naar buiten.

'Hij heeft een hoed van opa op,' zegt Jens.

Oma glimlacht.

'Een wortel als neus?'

'Ja.'

'En de knoopjes?'

'Van steentjes.'

Niek is stil.

Hij kijkt om zich heen.

Jens vertelt ook over school.

Na een poosje stappen ze op.

'Dag oma,' zegt Jens.

Ze zwaaien naar de andere mensen.

Buiten is het ijskoud.

Jens trekt de muts over zijn oren.

'Ik weet het nu heel zeker,' zegt Niek.

'Wat?' vraagt Jens.

'Als ik oud wordt...

Dan doe ik een wasknijper op mijn neus!'

Niek houdt zijn neus vast.

Jens kijkt hem verbaasd aan.

Opeens snapt hij het.

Hij lacht.

Jens bukt en grijpt sneeuw van de grond.

Vlug kneedt hij er een bal van.

Niek rent lachend weg.

 Jens mikt.

'Raak!' gilt hij.